T0041305

EDITORA **TRINTA ZERO NOVE**

"A tradução não se cinge apenas a palavras:
é uma questão de tornar inteligível uma cultura inteira."

Anthony Burgess

A Perseverança de Raymond Antrobus

Direcção da colecção: Sandra Tamele Revisão:
Editora Trinta Zero Nove Desenho da Capa:
Editora Trinta Zero Nove
Paginação: Editora Trinta Zero Nove

Impressão e acabamentos: Editora Trinta Zero Nove
Número de Registo: 9937/RLINICC/2019
Depósito Legal: DL/BNM/492/2019
ISBN: 978-989-54516-2-3
Direitos de autor © Raymond Antrobus, 2018
Direitos de autor © Editora Trinta Zero Nove 2019, tradução
portuguesa publicada com o acordo da Editora Penned in the
Margins

Editora Trinta Zero Nove
Av. Amílcar Cabral, nº1042
Maputo
Moçambique
Email: contacto@editoratrintazeronove.org

Raymond Antrobus

A Perseverança

Tradução Portuguesa de Sandra Tamele

Outras obras de Raymond Antrobus

PANFLETOS POÉTICOS
To Sweeten Bitter (Out-Spoken Press, 2017)
Shapes & Disfigurements of Raymond Antrobus (Burning Eye Books, 2012)

Índice

AGRADECIMENTOS

Agradeço aos editores das seguintes publicações onde alguns destes poemas foram previamente publicados, muitas vezes nas suas versões inicias: POETRY, *Poetry Review, The Deaf Poets Society, The Rialto, Wildness, Modern Poetry in Translation, Ten: Poets of the New Generation (Bloodaxe Books), The Mighty Scream, Filigree, Stairs and Whispers, And Other Poems, International Literature Showcase, New Statesman.*

Estou grato pelo apoio do Conselho Inglês para as Artes, Sarah Sanders e Sharmilla Beezmohun da Speaking Volumes, Jerwood Compton Poetry Fellowship, Complete Works III, Cave Canem, Hannah Lowe, Shira Erlichman, Tom Chivers, minha mãe, minha irmã e Tabitha. À família Austin que me ofereceu um tecto em Nova Orleães, onde terminei o manuscrito. Malika Booker, Jacob Sam-La Rose, Nick Makoha, Peter Kahn.

Bem haja Renata, Ruth e todos os fonoaudiólogos do SNS que tive ao longo dos anos. Bem haja a menina Mukasa, a menina Walker e a menina Willis, professoras de Inglês e de apoio na Escola de Surdos Blanche Neville que me ajudaram a desenvolver a língua e uma identidade S/surda no mundo ouvinte. Sou quem sou por vocês serem quem são.

A
Perseverança

'Não tem como saber que língua
está dentro do corpo'
ROBIN COSTE LEWIS

Eco

Meu ouvido amplifica assobio como se cantasse
para Eco, Deusa do ruído,
o enrodilhar das línguas em nó,
de pássaros aos berros, consoantes migalhas
as campainhas desafinadas, sons lamacentos
nos nebulosos tubos do meu aparelho auditivo.
Gaudí crente no som sagrado
construiu uma catedral para o conter,
erguendo homens ouvintes ajoelhados
como se Surdez fosse um tipo de Ateísmo.
Quem recusaria a Deus?
Apesar de eu não ter ouvido
os dourados decibéis dos anjos,
tenho vivido num
palácio sem barulhos onde campainha pulsa
luz e eu vou abrir a porta.

Quê?

Palavra que continua a olhar
para espelhos, enamorada
pelo próprio volume.

Quê?
Sou pergunta de uma única palavra,
um teste de paciência
num único homem.

Quê?

Que língua
falaríamos
sem ouvidos?

Quê?

Será o paraíso
um mundo onde
eu oiço tudo?

Quê?
Como irá meu cérebro
saber o que agarrar
quando tem tantos braços?

No dia que esvazio a flat do meu falecido pai,
deito fora caixas de LPs bolorentos:
discursos de Garvey, Malcolm X, Mandela em vinil.

Encontro uma fita cassete TDK na estante.
O rótulo verde borrado diz *Raymond a Falar*
Toco a cassete no seu leitor de cassetes vintage

e oiço a minha voz de dois aninhos de idade cantar o meu
nome, Antrob,
e o riso do papá a gargalhar no fundo,
sem saber que eu não conseguia ouvir a palavra "bus"

e não iria até ter os meus aparelhos auditivos.
Agora estou aqui sentado a ouvir o espaço da surdez –

Antrob, Antrob, Antrob.

'E se não apanhares nada
então os teus ouvidos têm algo de errado –
depois sintonizaram na frequência errada'.

KEI MILLER

Então talvez eu pertença ao universo
submerso, onde todas músicas
são choros borrados por Salácia,
Deusa da Água Salgada, curandeira
dos ouvidos infectados, era o que o médico
pensava que eu tinha, como surdez
não era coisa de família
e veio do nada;
então seringaram azeite de oliveira
e água salgada, e todos esperamos
para ver o que iria sair.

E ninguém sabia o que me faltava
até um médico me dar uma mão-cheia de Lego
e dizer para por um tijolo na mesa
sempre que eu ouvisse um som.
Depois do teste eu continuava a segurar na mão
tijolos suficientes para levantar uma casa
para chamar de santuário,
chamar de motivo de me sentar em santificado silêncio
durante os sermões do meu avô quando pregava
A Boa Nova que eu ouvia só
como a balbúrdia dos ecos de Babilónia.

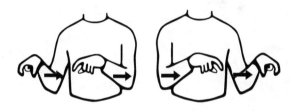

Tia Beryl Conhece Castro

ouve ouve, bô sabe que mí
conhece Castro na Jamaica em
'77 nha trabalho com
governo de
Manley simsenhô bô
havia de ver mí lá em cima
na nha juventude mí dar
flores a Castro
umas boas boas
vindas para nú
e mí conhece pessoas que
nun gosta que dizem êl
devia ficar a fumá lá
nos mato, nos água e
madeira nun quer problema
com essa chama, ma Castro,
êl entendê a história
d'ês que nos fazer mal, que
fazer das Caraíbas um
tipo de confusão confusão
doída. Mí acredita êl
veio olhar nú Preto
nos olhos e dizer
viemos da mesma
loucura mas a maioria das pessoas
non quer viver guerra e
mí entender ês, mas
mí também sabe como
nú todos
engole sapo diferente
nessa mesma estrada de sapo.
Maioria d'ês na Ilha
ouvem vida numa voz qualquer
com Inglês da Rainha mas mí taba

em sintonia com as verdadeiras
linhas do poder, mí taba a
apanhar todos sinal. Alguns d'ês diz,
sabes tanta coisa ficas maluca, um
medo de saber pelo poder
que traz e mí entende ês só
tenta viver e passa na vida
feito canoa a cruzar o Rio Preto,
bô mí intende?

Minha Mãe Lembra-se

de servir Robert Plant, malandro o gajo,
tentou pechinchar e baixar-me o preço.
Queria eu lá saber de veludos.
Estou fora à neve numa manhã de Sábado de feira
a tentar ganhar o pão e é assim:
quando se é criado na pobreza toca-se o mundo diferente
como se tivesses de tocar as coisas, conhecer as coisas
com as tuas mãos. Tens de saber o que
vale o quê para quem. Servi otários
no meu tempo. Aquele cantor, Seal, tentou falinhas mansas
para baixar-me os preços. E eu, *não não, perco este pro chá, caio de*
vez na miséria, meu!
Eu costumava ferrar em fábricas abandonadas,
ir à feira da ladra e voltar para casa para
montar aos bocados este armário, enchendo de tecidos.
Depois conheci um escultor de madeira, tinha antebraços como
troncos, disse, *porque não ir para*
Camden Passage na quarta?
Eu tinha uma carrinha, fiz vinte e oito paus.
Olha, tudo o que vendi está aqui neste caderno.
Tecidos, limpos da casa da tua Bisa.
Vintage. As pessoas sempre procuram tempos
idos e é o que estou a dizer,
as pessoas querem transportar o passado. Fazer com
que lhes sirva, fazer-lhe dizer, ainda somos assim.
Eu levava vestidos feitos nos anos '20.
A tua Bisa era costureira,
sabes, os vestidos vestiam a ela. Vesti
esta coisa branca e verde para
o funeral dela. Desculpa, acho que tudo
tem seu tempo. Estás pronto para comer
ou estou a atrasar-te?

Jamaicano Inglês

segundo Aaron Samuels

Algumas pessoas negariam que sou Jamaicano Inglês.
Nariz Anglo. Cabelo liso. Não posso ser Jamaicano Inglês.

Elas pensam que digo que sou preto quando digo Jamaicano
Inglês
mas os meninos Ingleses na escola obrigaram-me a escolher:
Jamaicano, Inglês?

Meia-casta, meia-mula, escravo de dentro – Jamaicano Inglês.
Pele clara, homem hétero, privilegiado – Jamaicano Inglês.

Como calulu, banana verde, revoada – sou Jamaicano.
Inglês não sabe servir os nossos pratos; eles escravizaram-nos.

Na escola lutei com um menino na lanchonete – Jamaicano.
Em casa, disse a Papá, *odeio todos eles, todos os Jamaicanos* – sou Inglês.

Ele riu-se, disse, *não podes amar açúcar e odiar a tua doçura,*
levou-me directo para Jamaica – passaporte: Inglês.

Primos em Kingston chamaram-me Jah-Inglês,
orgulhosos de terem alguém na família – Inglês.

Linhagem de plantação, serviço de Guerra Mundial, como sirvo
            Jamaicano Inglês?
Quando saber fazer guerra é Jamaicano Inglês.

Ode ao meu cabelo

Quando uma preta
de cabelo alisado
olha para ti, diz

de preto não tens nada,
ergues-te feito trigo bravo
ou um campo escuro de fios assustados?

Anos e anos escondo-te debaixo de chapéus
e, mesmo assim, agarras-te limpo ao meu couro cabeludo,
sem ceder

quando te chamam maningue fofo,
maningue fino para a textura
das tuas próprias raízes.

Olha, o dia é manteiga de karité amarela
a noite é minha prima jamaicana
a dizer *a tua pele e cabelo significam*
que te tratam melhor do que a nós
os cortes da lâmina quente
a abrirem caminhos na minha nuca.

Tesoura a voz do barbeiro
que cobra mais para cortar
este Crespo cheio de nós

agora que criaste uma selva,
a tentar ser o 'fro do meu pai
para o criar, para o ver novamente.

A Perseverança

'Amor é transcensão do homem '
    PETER TOSH

Espero fora d'A PERSEVERANÇA.
Vou entrar aqui uns minutinhos.
Ouvi-o dizer tantas, tantas vezes
como todos putos com um pai que bebe,
vê-lo desaparecer
dentro da fumaça e risos.

Não há isso de maningue riso,
diz papá, a beber n'A PERSEVERANÇA
até tudo desaparecer –
estou lá fora a contar os minutos,
à espera que o homem, meu *pai*
termine o seu copo e me leve para casa antes

de anoitecer. Já passámos por isto antes,
não há isso de maningue riso
a não ser que sejas minha mãe sem meu pai,
a trabalhar aos fins de semana enquanto A PERSEVERANÇA
cospe-o para fora por um minuto.
Ele me dá 50 paus para me fazer desaparecer.

De 50 paus na mão, desapareço
feito moeda num parquímetro antes
de acabar o tempo. Quantos minutos
perderei a ouvir os risos
que transbordam d'A PERSEVERANÇA
enquanto estranhos perguntam, *onde está o teu pai?*
Fixo as portas e digo, meu pai
está a trabalhar. Estranhos que não desaparecem
e abraçam-me pela minha perseverança.
Papá já disse é a última vez antes,

enquanto a TV derramava riso enlatado,
nós, no sofá na sua flat social, sabendo que que nalguns minutinhos

os inhames ferveriam, nalguns minutinhos,
vou comer de novo com meu pai,
que cozinha e serve riso
bom como qualquer Jamaicano que desapareceu
da Ilha que saboreei antes
transcendendo nosso calor e perseverança.

Ainda oiço *entrar só uns minutinhos,* vejo-o desaparecer.
Perdemos nossos pais sem sabermos.
Continuo fora d'A PERSEVERANÇA, a ouvir os risos.

Cruzo Londres como um Hotep

O *que é teu a ti virá a seu tempo,* diz a carta de Tarot que virei uma noite em casa da minha amiga Nathalie. Eu perguntava-me se ela disse coisa que valesse a pena ouvir. Quê? Olho para o rosto dela a tentar perceber, nem uma pista do que ela disse, mas digo só yah esperançoso. Eu, Tabitha e a tia dela estamos a wafflar na Casa dos Waffles junto ao Rio Mississipi. A tia da Tabitha é só balbucios. Não tenho certeza se disse *queres uma panqueca?* ou *estás com ar melancólico.* Quanto menos oiço maior o pântano, então sorrio e aceno a minha cabeça transforma-se numa sereia de nevoeiro abafada, um rio perdido. Porque não lhe pedi para microfonar? Quando dizes a alguém que lês lábios transformas-te num capitão misterioso. Assistes os seus cérebros a navegarem canais com intérpretes BSL no canto da TV à noite. As vezes custa voltar ao doce navegar e afogas-te com toda a conversa. Estou numa névoa de jarros vazios, um balde púrpura que só eu sei que está furado. No Twitter atjustnoxy tweeta, *não consigo assistir* TV/*filmes*/ *sem legendas. Custa muito acompanhar. Estou aqui sentado a fingir e não vale à pena.* Eu tweeto em resposta, *não conseguir acompanhar não é defeito teu* e é engraçado, dar o conselho que precisas ouvir a outra pessoa, tão estranho como pensar que o meu amigo Americano disse *cruzo Londres como um Hotep,* quando na verdade disse *curto Londres, uma vida sem IVA.* Deanna (a minha amiga que tem cristais e acredita em várias luas) disse que eu devia escrever sobre o que oiço ao contrário, ela acha que dará um bom livro para por na sua casa de banho. Ainda receio ter crescido a falhar demasiada informação. Penso no episódio de *Twilight Zone* em que um velho anda pelos bares da cidade a vender quinquilharia na sua mala, sabedor do que as pessoas precisam – tesouras, uma caneta borrada, um bilhete de machimbombo, pentes. Na cena, a música está a tocar alto, o que significa que se eu estivesse naquele bar teria perdido o misticismo enquanto os milagres do velho fazem o barman dizer, *WOW, este gajo vem de outro planeta!*

Máquina do Som

'A minha alegria ri e fala, mas não sabe cantar:
O meu pesar vê harmonias em tudo.'
                    JAMES THOMSON

O que sairia se não forem os fios
que Papá solda à sua aparelhagem de fabrico caseiro,
que eu acidentalmente empurro e soltam-se
enquanto ele está a gravar dubs Falados, mato
o bass, bemolizando o vibe e suas musas,
faço Papá rebentar os fusíveis e me bater.
Mas não foi minha culpa; as coisas que ele fazia
desmontam-se facilmente –
e continuávamos a perder a conexão.
Louvadas as mãos mecânicas do meu Pai.
Apesar de não conseguir reparar a minha surdez
eu ainda o canalizo. A minha aparelhagem toca
no Dia do Pai no Cemitério de Manor Park
onde se encontra a sua campa e, pela primeira vez
vejo o seu nome do meio, OSBERT, derivado do Inglês Arcaico
significando Deus ou iluminado. Que pode
ter sido uma forma de branqueá-lo, ele o mais, no mais
escuro de cinco irmãos, o único mandado
fora do país para viver na cidade alta
com a tia de pele clara. Ela protegeu-o
da polícia que não acreditava que fosse dali
a menos que ouvissem o seu inglês,
tão direito quanto algumas ruas da cidade alta.
A tia dele amava-o e ensinou-lhe
a recitar Wordsworth e Coleridge – ritmos
que não o salvariam. Ele se tornaria
Rasta e nunca falaria a vivalma
do nome que desfazia a sua negritude. É a sua
campa que me diz o nome que o seu corpo
preto, até na morte, não podia abanar ou silenciar.

Caro Mundo Ouvinte

segundo Danez Smith

Deixei a Terra em busca de órbitas mais sonantes,
de um sistema solar onde o espaço entre
uma estrela e um planeta não seja vácuo. Deixei
uma barba branca de barulho no meu lugar e muitos
de vocês não notarão a diferença. Na verdade
temos o mesmo volume, todos nós eventualmente desvanecemos.

Deixei a Terra em busca de um Deus audível.
Não me fio no som do vosso.
Vocês não reconheceriam o *Aleluia* de minha avó
cantado em sinais, vocês a teriam obrigado
a ficar de braços cruzados à reguada na boca
como que a medir a distância entre ela e o sagrado.
Devolvo-vos o vosso Deus, canta bem
mas muito baixinho.

Desejo o destino de Lázaro para toda a escola de surdos
que vocês encerraram, para toda criança cuja confiança
acabou na vala comum do silêncio,
para todo utilizador de BSL
que assistiu ao aniquilar da sua língua,
desejo que estes fantasmas assombrem vossas mãos mudas,
Deixei a Terra, estou farto dos vossos
oh, eu também oiço mal, só porque
andaram de avião ou estiveram constipados.
Vossa voz sempre foi o som mais alto da sala.

Denuncio-vos por recusarem reconhecer
a língua de sinais nas salas de aula, por avaliarem
alunos surdos com base no que não conseguem dizer
em vez do que conseguem, nós não pedimos para fazer parte
do mundo ouvinte, eu não oiço o estalar dos meus ossos
mas sinto. Estou farto do soar das vossas regras –
vocês me dizem que respiro maningue alto e que é má educação
fazer barulho
quando como, mandaram-me para terapia da fala, disseram
que eu falava
uma língua de buracos, eu pronunciava o que ouvia
mas o teu preconceito fez desaparecer as minhas sílabas,
o vosso truque mágico do mundo ouvinte – a afogar o silêncio,
rebentando todos balões de fala da minha infância em banda
desenhada,
felizes de beneficiarem da áudio supremacia,
eu tentei, povo ouvinte, eu tentei amar-vos, mas vocês riram-se
da minha gramática surda, eu usava vírgulas e não pontos
porque tudo o que eu dizia fugia sempre,
atrapalhava-me nos parágrafos compridos porque eu não sabia
como devia soar uma *pausa natural,* ~~vocês apagaram~~
~~o que poderia ter sido poesia~~

Vocês apagaram o que poderia ter sido poesia.
Ensinaram-me que eu era inferior à expressão padrão Inglesa
–
que eu era um falante avariado e nunca vocês os intérpretes
avariados–
ensinaram-me que o meu discurso era seco para quem soava
como se estivesse debaixo da água. Levei anos para falar de
cabeça erguida
e emudecer as notas vermelhas nos trabalhos de casa que me
davam.

Vozes Surdas desaparecem como som no espaço
e eu deixei a terra para encontrá-las.

'Escola de Surdos' de Ted Hughes

Depois de Ler 'Escola de Surdos' nas margens do Rio Mississipi

Ninguém em pleno juízo chama o rio *inconsciente* ou *lagoas simples;*
ninguém em pleno juízo diz que ele *carece de dimensão;*
ninguém em pleno juízo diz que o seu corpo foi *retirado da vibração do ar.*

O rio é lama em gargarejo, que respira fundo silenciosamente.

Ted é *esperto e simples.*
Ted *carecia de uma subtilmente quebrada aura de som*
e respostas ao Som.

Ted vivia pelos olhos. Na ponte, mas de olho nas
correntes colossais. Olho botes
fantasmando uma geografia de nevoeiro.

Mississipi significa *Rio Grande*, baptizado pelos Franceses
colonizadores.
Os nativos riram-se dos seus arrogantes mapas,
conquistando ventos e marcando cacimbas.

A foz do rio ri-se. Um homem num fato de mergulho emerge,
arranca óculos de mergulho embaciados por cima da cabeça.
Não conseguia ver nada.
Ele respira fundo. *O meu rosto estava na escuridão.*

Ninguém o ouviu; o rio afogou-o.

Para Jesula Gelin, Vanessa Previl e Monique Vincent

Quando três surdas
foram encontradas assassinadas,
suas línguas cortadas
por falarem língua de sinais,

os jornais apelidaram de
acto ritualista selvagem –
mas eu acho que o mundo
devia ter emudecido,

devia ter ouvido os surdos
juntarem-se em Saint Vincent,
devia ter ouvido a marcha
em silêncio até Port-au-Prince.

'O governo Britânico só reconheceu a Língua de Sinais Britânica em 2002'.

ZONA BSL (HISTÓRIA SURDA)

Antes, todas as línguas oficiais
eram orais. Os Surdos uma colónia
ignorada pelo mundo ouvinte

e agora, ironicamente, a palavra *barulho*
e *Londres* são o mesmo sinal em BSL.
O barulho é tanto

os audiólogos estão a preparar-se
para a geração mais surda
que já se ouviu na história

Em Montego Bay, um sinal
escrito nas paredes do muro
da escola de surdos Cristã diz

Isaías 29:18 Naquele dia os surdos ouvirão

por cima uma pintura de um paraíso de colinas verdejantes.
Harriott, o único professor Surdo da escola,
diz-me ninguém fala sinais suficientemente bem
para adentrar quaisquer visões de vales.

Meu Pai nunca me chamou surdo,
nem mesmo quando viu o audiograma.
Ele dizia, *tu és limitado,*
então podes aumentar a TV.

Ele não queria ser cruel.
Ele estava a pensar no seu amigo
de escola na Jamaica que esfaqueou
os tímpanos de outro menino com lápis.

Papá nunca mais o viu na turma.
Talvez fosse isso que ele temia;
que os surdos desapareçam, carregados para longe
a sangrarem dos ouvidos.

Conversa com o Professor de Desenho
(uma Tradução Tentada)

Merda e boa minha educação. Professores ouvintes não ver potencial. Esta minha confusão vida, professores ouvintes anos 90 não pensar eu conseguir ser artista por causa da surdez, mas coisa engraçada, menina Surda faz desenho 12ª em seis meses e ir fazer licenciatura. Eu fiz ver muitos errados. Eu sou designer adereços, professor, artista. Na escola eu disse, "Eu quero ser designer de adereços" professor diz, "Não posso." Não posso? Tão brusco. Meu pai, ouvinte, sabe sinais. Diz eu posso concretizar sonho e minha sorte, consegui. Provar pessoas estão erradas é bom mas cansa. Nasci surdo? Você faz muitas perguntas! OK, sim, em Somaliland, eu tinha uns dois anos, meningite. Outras sete crianças na minha enfermaria no hospital, todas morreram. Meu pai trabalhou pela Europa e levou-me com ele. Ainda sei um pouco sinais Somalis. Espera, estás a escrever o que eu disse, como? Sabes que BSL não tem estrutura gramatical? Como me escreves quando sou visual? Eu, na moda, expressão a cores. Como quem ler isto vai ver meu sentimento?

O Fantasma de Laura Bridgeman Aconselha Helen Keller Sobre a Fama

Eles vão esquecer de ti, mas não
           até homens terem sentado ao pé, tocado
tuas mãos, feito as suas perguntas.
           O que é divindade? Eternidade? Insensibilidade?

O teu nome será rabiscado em relatórios
           apelidando-te de prova de que quem nasce
surdo ou cego ou surdo e cego vale
           um Deus incapaz, um sermão fragmentado.

Eles vão querer saber se 'inteligência'
           tem forma de mão. Levou um homem
chamado Dickens para abrir a minha estória
           ao mundo e chamá-la como a viu,

como a ouviu. O teu perigo está
           na língua dele. Não deixes que distorçam
o teu silêncio – o ouvido e o olho
           nos assentos da sua percepção.

Estamos há séculos de as pessoas
           acreditarem nas nossas estórias sem
perversão, sem pena. O seu discurso
           nunca vai encontrar um caminho até nós de verdade,

será sempre o som
           da nossa separação. Quem está a testar
a audição de Deus quando perguntas se o meu sangue
           está morto? Se estou morto, onde anda o meu pensamento?

Cuidado com Alexander Graham Bell.
           Decibel é palavra sua.
Ele nunca te recebe. Oh Helen,
           não confies no que não consegues ser tu própria a dizer.

O Mecanismo da Fala*

A língua dele estava muito para a frente

A língua dele muito atrás

A língua dele estava muito alto, muito baixo

Seu incorrecto instrumento

o seu difícil   poder

de muscular

significado

*Palestras apresentadas por Alexander Graham Bell perante a Associação Americana para Promover o Ensino da Fala aos Surdos. Uma rasura.

Doutor Marigold Re-avaliado

'Se a palavra escrita pode defender uma ideia tão bem quanto a palavra falada, o mesmo aplica-se à palavra em sinais'
      HARLAN LANE

O meu professor de BSL ensinou-me afirmação e negação, ao dizer, em sinais: *se estiveres a chorar e alguém perguntar, "estás a chorar?" deves responder com um sorriso e abanar a cabeça para afirmar, "sim, chorar".*

Pensei em Charles Dickens. Em toda a gente a rir e a chorar em 1843 enquanto ele apresentava Doutor Marigold. A estória de um mascate que empurra o seu txova pela zona Leste de Londres, e adopta uma menina surda chamada Sophy depois de perder a sua filha, porque o pesar nunca se vai, apenas muda de forma. Dickens visitou escolas de surdos, entrevistou os alunos antes de moldar o seu conto.

Então embora a adorar quando Sophy e o Doutor Marigold inventam os seus próprios sinais caseiros. Embora adorar quando Sophy vai para uma escola de surdos, aprende a ler. Embora rir quando duas pessoas surdas se apaixonam.

Embora rir quando Sophy escreve uma carta para o Doutor Marigold na *esperança que a criança não nasça surda*. Embora rir das pessoas que esperam que o filho nasça com uma voz bonita. Embora falar na ordem de palavras da BSL – *sinais tu falas?* – enquanto celebramos e reviramos os olhos no final sentimental da praxe. Diz-se que Dickens leu em Whitechapel, que gente ouvinte chorou na rua quando Sophy falou (um milagre inexplicado).

Quero que o meu professor de BSL fale em sinais com toda a gente em 1843, *estão a chorar?* quero que todos sorriam e abanem a cabeça, *sim, chorar.*

A Vergonha de Mable Gardiner Hubbards

'Onde na literatura os surdos são vistos verdadeiramente, com a surdez apenas uma condição das suas vidas, agindo em concerto, com pessoas surdas e ouvintes a não viverem isoladas?'

LYDIA HUNTLEY SIGOURNEY (poeta e professora, 1814)

Encolho a cada referência à minha deficiência,
saio das salas de jantar com as marcas dos bordos da mesa no meu peito
pelas horas a inclinar-me. Tranco-me nas casas de banho das senhoras
para descansar, longe do barulho, para não ser a miúda a ficar gá gá.
Para passar por normal ensaio a minha audição ao espelho.
Os meus lábios mexem e eu espero pelo momento certo de acenar com a cabeça. Um aceno de cabeça restaura a minha civilidade. Ardo por absorver cada decibel.
Olhem, senhoras com reacções perfeitas. Uma criança deixa cair uma colher e os ouvidos delas sabem onde aterrou.
Acasalem nossa surdez ao extermínio, esterilizem a vergonha da nossa espécie.
Adoro o homem que esquece que não consigo ouvir,
que toca piano e recita Shakespeare.
Tudo o que ele faz abana o chão; chama-se Bell.

Duas Pistolas ao Ar por Daniel Harris

Quando Daniel Harris pôs pé fora do carro
o polícia esperava. Arma em punho.

Uso o pretérito apesar de ser irrelevante
na língua de Daniel, que é sinais.

Sinais não tem futuro ou passado; é uma língua presente.
Nunca estás mais presente do que quando

te apontam uma arma. Que língua diz que isto
não é para sinais? Mas o agente da polícia viu mãos

acenarem no ar, disparou e Daniel baixou
as mãos, seu peito a sangrar para o betão

a metros da sua casa. Estou no Café Breukelen
em Nova Iorque, a ler esta notícia no meu telefone,

quando uma polícia negra entra, duas armas
nas ancas, o meu amigo ao meu lado a ler

a secção dos comentários: *Vida de Preto Conta.*
O que podemos dizer em sinais ou em voz alta agora

que a última palavra que aprendi em ASL foi *vivo?*
Vivo – os dois polegares a apontarem para o baixo ventre,

indicadores a apontarem para cima como duas armas ao ar.

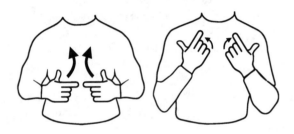

Adoçar o amargo

Meu pai teve quatro filhos
e três gostosuras no seu café
e todos os aniversários ele me comprava
um dicionário que ganhava volume
de ano para ano e porque a sua palavra
não está morta carrego-o como açúcar

numa colher de prata
subindo as colinas em Mobay na Jamaica
passo as paredes brancas lascadas
de casas das plantações
passo canaviais e coqueirais
passo as novas fábricas de açúcar cristalino.

Pergunto ao dicionário porque viemos para aqui –
ele disse *nutrir* então sentei com minha tia
na varanda dela lá em cima
em Barner Heights
e comi peixe salgado
e batata doce

e vi mulheres
levarem os filhos
da escola para casa.
Enquanto comia perguntei ao dicionário
qual é a dificuldade no amor?
Abriu na palavra *compreender*

e eu olhei para a minha mão
a agarrar esta faca de marfim
e pensei em como custava
aceitar meu pai
por quem ele era
e de onde ele veio

como é fácil espalhar
açúcar na mesa antes
de servir na minha chávena.

Quero a Confiança

de Salvador Dali num anúncio da MacDonald's nos anos 50,
das gravatas vermelho e verde dourado
nos garbosos dandies de bairro de lata, de Cuba Gooding Jr.
num club de strip a gritar MOSTREM-ME O TACO,
da mulher ao telefone no sofá silencioso,
de saber que serás visto e servido,
que ninguém vai atravessar a estrada quando te virem,
do sol a brilhar pelas frestas dos edifícios,
de tecto de vidro num restaurante
onde facas e colheres piscam o olho,
de uma média bem-educada e um cigarro atrevido, tatuagens
nos braços, comboios que desfocam a cidade toda sem demoras.
Quero a confiança de um grão de café no corpo,
de superfície que não precisa ser esfregada;
quero ser fluente em confiança tão grande que fale do seu
próprio céu.
No aeroporto quero que a minha confiança embarque
sem investigações, se sente em cafés estrangeiros
sem colher de prata a tilintar numa chávena de chá
afundados em lugares, de alguém com nome de santo
do Mateus, o futebolista surdo que não ouvia
o passa a bola e corria pelo campo,
de casacos de cabedal e os dentes
de pentes quentes, rodoviários a rolar e borracha.
Não quero que a minha confiança minta;
ela tem de significar balões de hélio de todas formas e cores,
tem de significar árvore da borracha à chuva; como
minha irmã a sair de casa para a universidade, meu pai final-
mente sóbrio
minha mãe tornar-se palhaço de circo.
Existe coisa como chave confiantemente talhada
que aceita as fechaduras em que não entra.
Chama-se um rapaz a descer pelos caminhos do canal a cantar
para ninguém a não ser as pontes
e as águas escuras debaixo delas.

Depois de Ser Chamado Estrangeiro de Merda em London Fields

Porque Papá me dava chapadas
sempre que eu caísse nos corrimões metálicos
ao lado dos baloiços, fui o primeiro
da escola a pedalar sem
as rodinhas de trás. O estilo
de disciplina do Papá não via se
sangrei, só me levantava
com uma mão,
BMX encarnada na outra, seu rosto
um punho, *anda, anda*
empurrava enquanto eu tentava
respirar e equilibrar
a ameaça da queda ou
soco. Uma presença que sinto no meu peito
vinte e cinco anos depois a andar
na ciclovia no mesmo parque.
Guardo as palavras do meu pai, *violência*
é sempre um falhanço, então não
atiro um gancho na pálida
cara-saco do homem quando ele atira
os braços para cima para lutar comigo.
A verdade é que não sou
de lutar com os punhos. Sou todo coração,
nada de técnica. Da última vez que lutei
aos dezasseis anos. Parti
dois dedos e fracturei
o meu punho depois de um gancho
falho, meus bradas a correrem para ver
num estrondo, gritam, *respira, respira, respira,*
que é também o que a minha conselheira para
acessos de ira disse quando dei um murro
na parede do consultório dela, mas a sério –
quem anda por aí a lutar aos trinta anos?

Hoje, em vez de violência,
escrevo até tudo se
acalmar. Ninguém me pode dizer
nada sobre esta radiância.
Pedalo como um menino
na sua BMX encarnada – vejo-me
virar , sair da ciclovia, passar às corridas
os corrimões metálicos, os baloiços vazios.

Superação

Porque me esfaqueaste na perna na Biblioteca do Colégio Comunitário de Hackney tinha eu dezassete anos por causa de um computador, pergunto-me porque mais me terias aberto?

— —

Nike Airs? Um Nokia? Um passeio de balão de ar quente? Ter-me-ias aberto para correr para um rio Queniano?

— —

Perdoo-te os meus vinte e um pontos; por esta cicatriz falo contigo.

— —

Éramos miúdos, estávamos perdidos, merecíamos espaço. Levei séculos para aprender que existem homens no mundo que não estão aqui para nos ferir. Não há faca que eu queira usar para te abrir. Fica com todo o teu sangue.

— —

Não há reino a defender, com portões todos escancarados. Trago-te comida. Senta perto da perna que eu não conseguia mexer depois de os paramédicos agrafarem a ferida, enquanto te passo um prato de banana verde.

— —

Ri quando descobrires que conhecias os meus primos, ou que os nossos avós vieram no mesmo barco, ou que trabalharam nas mesmas fábricas, negados os mesmos quartos.

— —

Abre o teu chão quando soubermos que o Jamaicano ao lado da loja da esquina nos chamava aos dois Molinhas.

Talvez Amasse um Homem

Penso para comigo,
sentado com o primo Shaun no Hotel Espanhol

a comer garoupa vermelha e arroz e ervilha enquanto Shaun diz,
falas muito do teu pai, mas eu não estava

a falar do meu pai, estava a falar do apresentador
do Sorri Jamaica que me disse ao vivo na TV,

se nunca viveste na Jamaica não és Jamaicano.
Eu disse, *meu pai nasceu aqui, ele trazia-me de volta todos os anos*

queria manter um pouco do seu lar dentro de mim,
e o apresentador fez um riso amarelo. Imagino o meu pai a rir-se

de todas as TVs no céu. Ele conhecia este tipo de pergunta,
tendo estado fora dez anos; as pessoas diziam, *tu agora és estrangeiro.*

Primo Shaun levanta o copo de rum, diz, *porque alguém*
tentaria mudar quem os pais são. Depois, basta-me
sentar com Tio Barry enquanto me fala convencido
sobre as janelas que tijolou, expulso de tabernas
por defender o combate à Frente Nacional. A alcunha
que deu ao meu pai foi 'Quebro', *porque homem sempre pronto*

a quebrar coisas, mas sei que meu tio só tenta
dizer, *tenho saudades dele.* Olha o que ser duro faz

aos homens que amamos, eu e Shaun estamos a tentar aguentar.
Mas se os nossos pais pudessem nos ver, sentados

neste hotel, iam rir-se, sem saber
o que fazer. Mas afasto-me sabendo

que existem pessoas que recordam meu pai,
pessoas aqui que sabem quem eu sou, que dizem

os nossos avós costumavam sentar naquela colina
e matar cabritos, enquanto nossos pais de

bebés nos braços e bebidas na mão, acenavam um adeus
às pessoas em Birch Hill que são e não são nós.

Samantha*

O Que o Diabo Disse

Algumas pessoas acreditam que tirei a voz da Samantha
no momento que ela caiu destes degraus
do prédio social dela, que arranquei
os sons do mundo da Samantha
feito coleccionador de caixas de voz.

Segundo a mãe eu
sou como o pai da Samantha –
continuo por ali atrás da filha dela,
nos ombros dela, nos olhos dela,
todos estes anos a espremer-lhe a língua morta.

Testemunharei o que os fogos chagam.
Olha, Samantha sabe quem sou.
Antes de a audição dela ser derrubada
apareci nas lendas que a mãe desfiava,
assumindo a forma de uma aranha.

A mãe dela sonha teias –
a voz da filha presa nos meus fios.
Ela tenta rasgá-los feito arames arrancados das paredes;
ela berra e berra aos esticões e escrituras
mas teia é feitiço de seda e não quebra.

*estes poemas baseiam-se numa entrevista que fiz com uma
mulher Jamaicana Surda sobre a sua chegada na Inglaterra.
Tenho a honra de terem-me permitido escrever e partilhar a
sua estória.

O Que a Samantha Disse

Língua de Sinais é minha casa, uma casa confortável
com poucos quartos para eu partilhar.

Ninguém disse à minha mãe que os surdos têm língua.
Ninguém que ela conheça sabe como dizer isso.

Ela sabe que o fogo é um Deus que não para de gritar.
Ela sabe que Jó não cobrou a Deus a vida que perdeu.

Sei que os surdos não estão perdidos
mas foram certamente abandonados.

O Que a Mãe da Samantha Disse

Uma noite uma mulher da escola Bíblica pergunta à mãe da
Samantha,
porque bô fis non fala, el fantasma?

A mãe da Samantha jura
foi nesse momento que a mão do Diabo

apareceu detrás do livro, preta e queimada,
e tapou a boca imóvel da Samantha.

Os Revivalistas

Os revivalistas congregam,
falam em línguas para linguajar

e esconjurar o Diabo das suas imaginações.
Um pastor de fato passado a branco

aproxima-se do altar.
Fixando os bancos da igreja, aponta

o silêncio da Samantha e berra,
quem se atreve a roubar-lhes os ouvidos do nosso Senhor?

O Que o Pai da Samantha Disse

A voz da Samantha nunca volta, mas eu sim.
Vejo solidão nela toda como sarampo.

Comprei-lhe dois coelhos. Quero dizer, *quem senão os*
bichos da terra para nos ensinar?

Vejo-a sentada no quarto perto da janela larga,
a torcer-lhes as orelhas, sorrindo com os tiques delas.

O *Que a Professora de Sinais da Samantha Disse*

Todas as palavras bonitas em sinais são ditas com o polegar –
útil, bonita, prestativa.

São estas as palavras que ofereço à Samantha
quando a mãe está no meu consultório aos gritos,

*se o Diabo não tirou a voz da minha filha
então faz-lhe falar!*

O Que a Samantha Disse no Fim

Visitámos a minha mãe depois de anos zangadas.
Ouvi a voz dela aos poucos, a cantar no hospital.

Pela manhã as av s ca am

Ela não tinha dentes, o rosto dela parecia todo mastigado.

acção de   ças n so ria r

Ela soava como se a tivessem apagado com a borracha
mas ainda tinha um órgão na voz dela.

a tua Gr ça eu anto iador

Senti vibrar debaixo dos nossos pés enquanto ela entoava.

p la manhã as av can m

ela esqueceu tudo excepto Deus
e o facto de amar a filha

acção de graças a   sso Criador

A demência tinha tirado devagarinho
as mãos do Diabo dos ouvidos dela

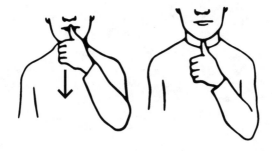

Uma Reflexão Sobre o Bicho do Meu Pai

segundo Wayne Holloway-Smith

Como deslizava para fora das calças dele
feito língua equina, a forma como ele o sacudia
depois de mijar, a sua largura
e comprimento. Nunca pensei vir a comparar.
Engraçado agradecer-lhe por isso agora,
por ele na verdade não ter segredos, era aberto
sobre os três filhos com três mulheres diferentes,
sobre como fugiu delas. Contou-me que fez sexo
com 48 mulheres em toda a vida, disse que na primeira
semana em Londres
uma mulher chupou-lhe o bicho no andar de cima do
machimbombo da madrugada.
Nunca poupou detalhes. Sabia que não viveria
para me ver crescido. Agora sei disso. Ele tinha de passar,
enquanto podia, o comprimento da vida dele para mim.

Aeroporto de Miami

porque não me respondeste lá atrás? sabes como
fazem barulho estas coisas nas minhas ancas?
não pareces surdo?
podes provar?
sabes língua de sinais?
B.I.?
porque não vi ninguém parecido contigo
quando estive na Inglaterra?
porque estiveste em África?
porque não tens cara de professor?
quem é nessas fotos?
é a tua namorada?
porque ela não tem cara de inglesa?
qual é a morada de onde ficaste?
de que cor é a mala que despachaste?
repete lá o teu endereço?
é lá que vamos encontrar a droga?
porque estás a olhar para o celular?
posso tirar as tuas impressões digitais?
porque tens as palmas suadas?
sempre tens esse olhar perdido?
porque me disseste que a tua mala era encarnada?
como é que mudou de cor?
de que cor são os teus olhos?
qual é a quantidade de droga que
vou encontrar na tua mala?
porque não há droga na tua mala?
porque me confusionaste?
porque estavas tão estranho se não trazias nada?
não ias acreditar
nas coisas que vi nas malas de gente da tua laia?
pensas que vais
sair livremente?
que parte é que não ouviste?

O Coração Dele

virou-se contra ele num takeaway de frango
ele disse, *meu coração está a cair*

enquanto caía em sonhos
da sua mãe na Jamaica

despertou no hospital, com saudades
daquela mulher, morta há vinte anos

o filho visita e passam
meia hora de mão dada

tem uma agulha no braço
e sangue no saco da colostomia

ele pergunta à enfermeira se pode ir aos correios
comprar um postal para a filha

mas perdão não
tem endereço

Madge é a primeira moça que ele beijou na Jamaica
vestido branco às flores, cheiro a tomilho e verão

ela visita seus sonhos de hospital
Madge não é a enfermeira que dissolve

analgésicos na água dele
ele não bebe de olhos abertos

o filho liga a rádio
está a tocar *A Rainy Night In Georgia*

o filho, um borrão
numa cadeira de madeira

Demência

'enegrecido pela amnésia crescente'
DEREK WALCOTT

Quando seu rosto adormeceu
feito lencinho amarrotado,
húmido de baba,

tu vieste, desfiando uma alegria,
deixaste-o eufórico, de baba
na boca –

simplificaste um homem complicado,
engoliste-lhe o passado
até teu hálito ficar
quente como Caribenho
concreto –

Oh síndroma ternurento
firme nas cãs dos seus olhos
canção desvanecendo
no seu grandioso salão de baile

se tem de ser,
lança teu doce feitiço
mas tira-me o medo
daquilo que está

desaparecendo.

Feliz Aniversário Lua

Papá lê em voz alta. Eu sigo-lhe o dedo na página.
Às vezes o dedo dele salta palavras, traçando espaços em branco.
Cada noite ele faz a Lua dizer uma coisa nova
para o filho surdo que enrola a fala.

Às vezes o dedo dele salta palavras, traçando espaços em branco.
Esta noite ele dá o meu nome à Lua, mas eu não consigo dizer,
o filho surdo que enrola a fala.
Papá bate na página, diz, *tenta de novo*.

Esta noite ele dá o meu nome à Lua, mas eu não consigo dizer.
Eu digo *Rain-nan Akabok*. Ele ri-se.
Papá bate na página, diz, tenta de novo,
mas eu gosto de fazer rir. Digo o meu erro de novo

Eu digo *Rain-nan Akabok*. Ele ri-se,
diz, *Raymond tu és demais*.
Eu gosto de fazer rir. Digo o meu erro de novo.
Rain-nan Akabok. Que mais nos pode valer?

Ele diz, *Raymond tu és demais*.
Eu queria ser a Lua, o urso, até mesmo a chuva.
Rain-nan Akabok. Que mais nos pode valer
para ouvirmos um ao outro, ouvirmos um ao outro de verdade?

Eu queria ser a Lua, o urso, até mesmo a chuva.
Cada noite Papá faz a Lua dizer uma coisa nova

e nós ouvimos um ao outro, ouvimos um ao outro de verdade.
Enquanto papá lê em voz alta eu sigo-lhe o dedo na página.

NOTAS

'Eco': A linha de Kei Miller consta na sua antologia, *Light Song of Lights* (Carcanet, 2010). Um ensaio sobre este poema publicado em poetryfoundation.org, intitulado *'Echo, A Deaf Sequence'*. Obrigado Don Share por incluir este poema no Podcast da *Poetry Magazine*, de 6 de Março de 2017.

'Jamaicano Inglês': Inspirado pelo poema *'Broken Ghazal'* de Aaron Samuels em *The BreakBeat Poets* (Haymarket Books, 2015).

'A Perseverança': The Perseverance é a taberna na Broadway Market onde meu Pai costumava beber. *'Love is the man overstanding'* vem de *'Where You Going to Run'* de Peter Tosh que aparece em *Mama Africa* (EMI, 1983). Este poema é uma Sextina.

'Cruzo Londres Como Um Hotep: Referência ao episódio de *The Twilight Zone, 'What you Need'* (temporada 1, episódio 12).

'Máquina do Som': A linha de James Thomson vem de 'Two Sonnets', originalmente escrito em 1730 e reimpresso em Sonnets101 de Don Patterson (Faber, 2012).

'Caro Mundo Ouvinte': Partes deste poema são refrões e remixes de linhas de Dear White America de Danez Smith (Chatto/Greywolf, 2012). A actriz surda Vilma Jackson actua numa versão deste poema em BSL numa curta metragem realizada por Adam Docker no Red Earth Studios.

'Escola de Surdos de Ted Hughes': originalmente publicado em The Quiet Ear: Deafness in Literature: An Anthology, editada por Brian Grant (Faber, 1988). Hughes admite que este poema foi escrito às pressas no seu caderno depois de visitar uma escola de surdos em Londres.

'Depois de Ler Escola de Surdos nas margens do Rio Mississippi': este poema não existiria sem a inspiração de Shira Erlichman e o poema 'The Moon Is Trans' de Joshua Jennifer Espinoza.

'Para Jesula Gelin, Vanessa Previl e Monique Vincent': este poema não existiria sem o artigo 'Killing of deaf Haitian women highlights community's vulnerability' no *Jamaican Observer*, lido durante a minha estadia em Kingston de visita a familiares em Abril de 2016.

'Conversas com o Professor de Desenho (uma Tradução Tentada): Com um agradecimento a Naimo Duale e à Escola de Surdos Oaklodge.

'O Fantasma de Laura Bridgeman Aconselha Helen Keller Sobre a Fama': Este poema não existiria sem a escrita académica de Jennifer Esmail (*Reading Victorian Deafness*) na Universidade de Toronto, Gerald Shea (*Language of Light*) na Universidade de Yale e Laurent Clerc (*Autobiography*, Gallaudet University, 1817). Laura Bridgeman era uma estudante Surda-Cega no Asilo para Cegos em Boston que ficou famosa depois de Charles Dickens se ter interessado por ela. Pode ler transcrições em *American Notes For General Circulation, Jan-June 1842* de Dickens, no qual algumas das respostas de Bridgeman são levantadas e postas neste poema.

'O Mecanismo da Fala': Alexander Graham Bell, famoso por inventar o telefone, passou os últimos anos da sua vida a dar palestras pela América e Europa a promover o oralismo junto dos professores de surdos, além das famílias ouvintes com filhos surdos. As suas palestras estavam voltadas a provar que todos os surdos podem ter acesso à fala se não forem encorajados a usar a língua de sinais. Ele usou nomes famosos do seu tempo como Helen Keller como prova, mas os seus casos de estudo foram posteriormente apelidados de faltosos ou fraudulentos. É interessante notar que tanto a esposa como a mãe de Bell eram surdas. Em *Reading Victorian Deafness,* Jennifer Esmail diz 'a raiz da opressão dos surdos reside em serem forçados a falar'.

'Doutor Marigold Re-avaliado': 'Doctor Marigold' é um conto escrito por Charles Dickens. Este poema não existiria *Reading Victorian Deafness* de Jennifer Esmail e a minha professora de BSL nível 2, Débora que ensina para a organização BSL em Londres, a Remark!

'A Vergonha de Mable Gardiner Hubbards': Mable foi profundamente surda desde os cinco anos de idade e casou-se com Alexander Graham Bell. Depois mudou de nome para Mable Bell. Laurent Clerc, um dos primeiros professores Surdos da Univesidade Gallaudet, cita na sua autobiografia o diário dela, onde ela admite, 'detesto surdos e a todos que ensinam surdos'.

'Duas Pistolas ao Ar para Daniel Harris': Escrito depois de ler o artigo da CNN, 'After trooper kills deaf man, North Carolina family seeks answers' em Agosto de 2016. As acusações foram retiradas em Janeiro de 2017 e ninguém foi indiciado.

'Superação': Obrigado aos paramédicos do SNS, enfermeiros e médicos do Hospital Homerton que me coseram e salvaram a vida. Este poema não existiria sem eles e Caroline Bird.

'Talvez Amasse um Homem': Referências à terra ancestral do meu pai na Jamaica, Birch Hill e Patty Hill. Grande abraço ao primo Dean, primo Shaun, Tio Barry, Allison e

Hillary em Kingston.

'O que a Samantha Disse': esta sequência de sete poemas existe graças a uma amiga que quer continuar anónima, mas que me deu a honra de partilhar a sua história de mulher Jamaicana Surda que se mudou para Londres nos anos 80. Os detalhes desta história foram recolhidos através de entrevistas cara a cara através de BSL e SSE (Inglês Suportado por Sinais). Samantha significa "aquela que ouve", "Ouvida por Deus" e "Ouvinte" em Hebreu, Grego, Aramaico e Inglês.

'Uma Reflexão Sobre o Bicho do Meu pai': este poema não existiria sem Wayne Holloway Smith partilhar a sua sequência de poemas comigo. O seu poema 'Dad's Dick' foi originalmente publicado em *The Poetry Review*.

'Dementia': Durante dois anos cuidei do meu pai moribundo. Seriamente, bem haja aos cuidadores do mundo. Obrigado também para as enfermeiras do SNS e para Halima; não teria aguentado sem ti.

'Feliz Aniversário Lua': Um pantoum inspirado pelo livro infantil ilustrado de Frank Asch com o mesmo título.

Uma nota sobre a grafia S/surdo

Ao longo do livro estes poemas usam variações de S maiúsculo e s minúsculo, S/surdo. S maiúsculo Surdos são as pessoas que nasceram Surdas e tendem a aprender sinais antes da língua falada ser adquirida e tratam a sua surdez como parte da sua identidade e cultura em vez de uma deficiência. s minúsculo surdos são pessoas que muitas vezes ficaram surdas depois de anos de vida, depois de terem adquirido uma língua falada. A sua relação com a surdez é mais clínica que cultural.

OUTRAS LEITURAS

Magma 69 (The Deaf Issue) editado por Lisa Kelly e Raymond Antrobus (2017)
Understanding Deaf Culture: In Search of Deafhood de Paddy Ladd (2003)
Seeing Voices de Oliver Sacks (2012)
When The Mind Hears: A History of the Deaf de Harlan lane (1994)

Este livro inclui uma banda sonora no spotify; busca 'The Perseverance' ou entra em raymondantrobus.com

As ilustrações BSL e ASL são de Oliver barrett (floatinglimb.com)

© Tenee Attoh

Raymond Antrobus é filho de mãe Inglesa e pai Jamaicano e nasceu em Hackney, Londres. Ele foi um dos primeiros mestrados em Ensino em Língua Falada da Universidade Londrina Goldsmiths. Raymond é membro fundador do Chill Pill e do Fórum de Poetas da Keats House. Teve múltiplas residências em escolas para surdos e do ensino não especial em Londres. Em 2018 recebeu o Prémio Geoffrey Dearmer da Sociedade Poética (júri presidido por Ocean Vuong). Raymond reside em Londres e passa grande parte do tempo a trabalhar nacional e internacionalmente como poeta freelancer e professor.

Sandra Tamele é filha de pai Machangana e mãe Kimwani e nasceu em Pemba, Moçambique. Cursou Arquitectura e Planeamento Físico na Universidade Edurado Mondlane em Maputo e dedica-se à tradução a tempo inteiro desde 2007. Ano em que se estreou na tradução literária com Eu Não Tenho Medo do renomado escritor italiano, Niccolò Ammaniti. Vive em Maputo onde promove várias iniciativas culturais.

A PUBLICAÇÃO DESTE LIVRO FOI POSSÍVEL GRAÇAS AO GENEROSO APOIO DE:

Carlos De Lemos
Master Power Technologies Moçambique S.U.,
Lda.Hermenegildo M. C. Gamito
Pincal Motilal
Virgília Ferrão
Almir Tembe
Jéssica Brites
Ângela Marisa Baltazar Rodrigues Bainha
Inês Ângelo Tamele Bucelate
Abílio Coelho
João Raposeiro
Emanuel Andate
Manuel Bernardo Boane
Ricardo Dagot
Euzébio Machambisse
Abiba Abdala

O SEU NOME TAMBÉM PODE CONSTAR AQUI

SUBSCREVA OU OFEREÇA UMA SUBSCRIÇÃO AOS SEUS AMIGOS E FAMILIARES

Além das vendas na livraria, a Editora Trinta Zero Nove conta com subscrições de pessoas como você para poder lançar as suas publicações.

Os nossos subscritores ajudam, não só a concretizar os livros fisicamente, mas também a permitir-nos abordar autores, agentes e editores, por podermos demonstrar que os nossos livros já têm leitores e fãs. E dão-nos a segurança que precisamos para publicar em linha com os nossos valores literários e de responsabilidade social.

Subscreva aos nossos pacotes de 3, 6 ou 12 livros e/ou audiolivros por ano e enviaremos os livros ao domicílio antes da publicação e venda nas livrarias.

Ao subscrever:
• receberá uma cópia da primeira edição de cada um dos livros que subscreverem
• receberá um agradecimento personalizado com o seu nome impresso na última página dos livros publicados com o apoio dos subscritores
• receberá convites VIP para os nossos eventos e lançamentos

Para mais informações contacte-nos pelo

contacto@editoratrintazeronove.org

ou pelo

87 000 3009/84 700 3009/82 900 3009.